RÉPONSE

A M. THIERS

LA QUESTION ITALIENNE

ET

LA QUESTION RELIGIEUSE

Au Corps législatif

PAR M. ÉMILE ACCOLAS

Prix : 25 centimes

PARIS

ÉTIENNE SAUSSET, LIBRAIRE

GALERIES DE L'ODÉON, 12 A 15

1865

LA QUESTION ITALIENNE
ET LA QUESTION RELIGIEUSE
AU CORPS LÉGISLATIF

I

Aux derniers jours de la monarchie de Juillet, M. Thiers protestait à la tribune « qu'il ne déserterait jamais la cause sacrée de la Révolution française. »

Dans la séance du 13 avril, au Corps législatif, le même orateur terminait un long discours contre l'unité italienne et en faveur du pouvoir temporel du

pape, en s'écriant : « Voilà quarante ans que je dé-
fends la liberté dans les fortunes bonnes ou mau-
vaises. »

M. Thiers a raison de se glorifier d'être resté
fidèle à ses convictions libérales ; tant d'autres,
comme il le rappelait, ne l'ont point imité ! mais son
discours même est une preuve qu'il y a bien des
manières d'entendre la cause de la Révolution et de
la liberté.

M. Thiers a dit en commençant qu'il était impos-
sible de séparer la question italienne de la question
romaine ; c'est de la question religieuse qu'il eût dû
dire, et la force des choses l'a effectivement conduit
jusqu'à cette généralisation.

L'existence du pouvoir temporel du pape, amis et
ennemis le comprennent, n'est qu'un incident du
problème religieux, qui se pose à côté du problème
social ; si l'aventure de la politique contempo-
raine tend à lui donner dans les faits une impor-
tance exceptionnelle, au-dessus de cette question et
pour la résoudre, plane de toute la hauteur d'un
principe la question religieuse elle-même.

M. Thiers était-il l'homme d'un tel sujet ?

Nul mieux que lui ne sait l'histoire et n'excelle à la raconter ; mais en histoire il lui manque un sens, ce sens c'est celui de l'idée, et il ignore que la plus grande, notre monde moderne avec elle, pauvre monde bien empêché, cela est vrai, par les débris de son passé, n'ont pas un siècle d'existence.

Qu'est-ce donc que la Révolution française, sinon l'avénement même du droit, du droit humain, universel, droit de chaque homme et de chaque peuple, droit social et religieux ?

Est-ce là ce qu'enseigne M. Thiers ? Sa prémisse, c'est la tradition ; ses raisonnements sont des exemples.

Si, pour les affaires intérieures, il accepte de nouveaux principes, il sourit lorsqu'on en parle pour les relations des peuples entre eux, il s'effraye lorsqu'on en proclame à l'égard des religions.

Historien de l'époque illustre qui domine les autres sommets des temps et déclara les droits de l'homme, le ministre du roi Louis-Philippe, dans cette grande revendication, n'a vu, c'est lui qui l'avoue, même en fait de politique interne, que l'obligation pour les rois de partager avec les peuples, et pour les classes supérieures avec le reste de la nation. La charte de 1830, amendée, élargie sans doute, voilà le dernier mot de M. Thiers et l'aboutissement, à ses yeux, du plus vaste mouvement d'idées, du plus complet renouvellement que le monde ait encore connus. Aussi, avec une semblable doctrine, n'oublie-t-il, quant à l'Italie, qu'un point unique : son droit d'être.

Il se demande, élève d'Aristote, de Polybe, de Machiavel et de Montesquieu lui-même, s'il est désirable pour la France que l'Italie soit une nation ; il prouve expérimentalement que toujours les États prudents ont empêché les petits États de s'agrandir et les grands de devenir plus grands ; il invoque l'exemple de la Suède, ceux de l'Autriche, de l'Angleterre. Vain empirisme et non moins vaine politique ; à notre tour de sourire ! Le juste, monsieur, est l'idéal nouveau ; bon gré, mal gré, la politique y arrivera.

Quoi donc ! un homme si sagace ne pas comprendre, idée à part, que l'Italie n'est plus à faire, que l'unité y vit, s'y meut.

Qu'il visite Turin, Milan, Gênes, Bologne, l'ancienne ville pontificale, cette charmante et chère

Florence, la patrie du Pensieroso (pour ma part je n'ai point vu Naples); il saura si les disparates et les accidents de l'histoire empêchent une nation de se faire (1).

Mais M. Thiers a le fanatisme de l'intérêt de notre France. « C'est une duperie de travailler à se « créer des ennemis. »

N'en ayez pas peur ! la politique des vieux régimes touche à sa fin au dehors comme au dedans ; l'empire de la force doit crouler pour faire place à celui du droit.

Est-ce à dire que les peuples vont atteindre à la paix universelle? Vaine question pour notre siècle ; mais aveugle qui ne verrait de nouveaux horizons s'ouvrir !

Tout concourt à rapprocher les peuples les uns des autres, idées, découvertes de la science, échange même des produits (2); M. Thiers n'y croit pas, et

(1) La fête centenaire de l'immortel Alighieri a-t-elle enfin ouvert les yeux à M. Thiers, et dans cette grande acclamation de l'Unité de la patrie, l'homme d'État a-t-il enfin senti battre le cœur d'une nation ?

(2) Beaucoup d'esprits libéraux estiment trouver dans ce qu'ils nomment la solidarisation des intérêts la solution du pro-

c'est pour cela qu'il nie que le peuple italien soit notre naturel allié.

L'Italie vivra donc, en vertu de son droit propre, en vertu de l'énergie qui, de cinq petits royaumes, en a fait une seule patrie; elle vivra en dépit des arrangements factices et imposés de la vieille diplomatie; qu'elle conserve une pleine confiance dans le droit qui l'a créée; c'est lui qui, nouvelle puissance, maître de la conscience humaine, chassera l'étranger de Venise, et, rendant Rome aux Romains, annexera la grande cité à l'unique patrie commune.

blème de la paix universelle. La chose vaudrait le mot, si la chose était possible, sans un progrès correspondant dans le cœur et dans les idées, dans la moralité sociale.

II

M. Thiers, en abordant la question du pouvoir temporel, déclare qu'il entend la traiter en législateur homme d'État, profondément pénétré des besoins de toute société; il reconnaît les mêmes titres au philosophe, au prêtre, au pasteur et au rabbin. Puis tout d'un coup, tournant bride, après une brillante esquisse de l'histoire de l'Église recueillant l'esprit humain, tout débile, tout meurtri au contact des barbares, il fait de la cause catholique la cause même de la France et la cause de la religion.

La tradition de la France, l'esprit vivant qui l'anime, s'il n'est point ultramontain, serait au moins gallican.

Ainsi l'indique M. Thiers plutôt qu'il n'ose l'affirmer. Faut-il donc le redire? 89 sépare deux mondes. Notre tradition, notre esprit nous viennent du dix-huitième siècle et de la Révolution; ils procèdent de tout le mouvement de la libre pensée moderne. Ce Descartes, dont les écrits furent en leur temps mis à l'Index, et que M. Thiers confisque si lestement au profit du catholicisme, est l'un de nos plus vieux ancêtres (1). Nos pères, ce sont Diderot, d'Alembert, Voltaire et Rousseau.

Répudions de vains subterfuges, de misérables équivoques, de tristes habiletés de discours, à l'usage des éclectiques (2), des diplomates puérils, de quelques aspirants ministres, du bachelier Ollivier (3),

(1) M. Barthélemy Saint-Hilaire, dans un livre qui vient de paraître, caractérise ainsi l'œuvre de Descartes : « Descartes a poussé plus avant que personne la libre recherche de la vérité, et il est interdit désormais à l'indépendance la plus ombrageuse et la plus entreprenante d'aller au delà. (*Mahomet et le Coran.*)

(2) « Le catholicisme en a encore pour trois cents ans; en conséquence, je tire mon chapeau au catholicisme et je continue la philosophie. » Ce mot est du maître; les disciples s'y sont scrupuleusement conformés, M. Saisset en tête, et, peut-être, M. Barthélemy Saint-Hilaire. (*Mahomet et le Coran.*)

(3) M. Ollivier appartient à cette race de sceptiques qui ont fait de la France ce qu'elle est devenue, gens sans études

de M. Thiers lui-même qui proclame que la France compte 36 millions de catholiques, et qui oublie de nous dire s'il figure dans ce recensement.

Qui donc dans la France pensante identifie aujourd'hui catholicisme et religion? N'est-il point de toute évidence que la majorité baptisée catholiquement, mais capable de penser par elle-même, n'est catholique que de nom?

L'argument succombe de ce côté; se relèvera-t-il d'un autre?

M. Thiers invoque l'intervention de la France dans l'intérêt de l'un de ces cultes; mais il serait bon qu'il formulât le principe, la théorie, en vertu desquels l'État devrait cette intervention. Ce dont l'État est tenu, c'est d'assurer à chacun l'exercice de son libre droit; s'il protége, il sort de son rôle; ce qu'il attribue à l'un, il le dérobe à tous les autres; ne parlons plus de justice; la faveur, l'arbitraire, l'expédient, peut-être le despotisme régnera! n'y eût-

réfléchies et désintéressées, sans idées, on l'a vu au discours de M. Ollivier dans la discussion de l'Adresse, sans convictions, une manière et une contrefaçon de M. Billault, qui le laisse encore loin derrière lui en fait d'habileté.

il qu'une infime minorité répudiant le catholicisme,
l'objection n'y perdrait rien.

Nous sommes les adversaires de toute protection
comme de toute intolérance; nous nous réclamons
du droit. Nous demandons la liberté, même pour
ceux qui la proscrivent; nous affirmons leur droit
comme nous affirmons le nôtre.

Mais qu'on cesse de nous parler d'un intérêt na-
tional à propos de la puissance temporelle du chef
du catholicisme; c'est là un intérêt de secte, d'école,
de religion particulière, qu'on le nomme comme
on le voudra; et c'est aux catholiques seuls de main-
tenir ce pouvoir si, guidés par la peur, une mau-
vaise conseillère, et doutant, quoi qu'ils disent et
qu'ils écrivent, de l'éternité de leurs dogmes, ils se
sentent en mesure de s'imposer aux Romains.

Mais, dit encore M. Thiers, — et ce nouvel argument est en vérité plaisant, — vous attentez à la conscience catholique en n'épousant pas la cause du
pouvoir temporel.

Le paradoxe est étrange, il est violent! Quoi,
monsieur, sérieusement, c'est, selon vous, un attentat
de la part des hérétiques de tous ordres que de ne

point prêter appui aux croyances qu'ils combattent !

Est-ce que les autres cultes ont un pouvoir temporel ? Nous nous taisons sur les philosophes peu rentés, qu'on ne brûle plus comme Bruno, qu'on pourchasse comme Vacherot (1), mais enfin les communions rétribuées par l'Etat se contentent du salaire qu'elles en reçoivent ; ce salaire, c'est tout, et c'est beaucoup trop. Les catholiques admettraient-ils comme compatible avec leur foi de faire pour les protestants ou pour les israélites ce qu'ils réclament pour eux-mêmes ? N'est-ce point renverser toute logique, tout principe de raisonnement de dire à ceux qui proclament l'irrévocable divorce de l'Église et du monde moderne : « Contribuez à sauvegarder ce pouvoir, pierre angulaire des doctrines que vous rejetez. »

La logique de M. Thiers appelle alors à son se-

_____

(1) Un des penseurs les plus éminents de ce siècle, dénoncé pour son indépendance par le libéral P. Gratry, banni de l'enseignement officiel, un vaincu de la dernière lutte académique dans la section des Sciences morales et politiques, et qui s'est vu préférer un adepte de la secte des Janet, des Caro, ces derniers nés de l'éclectisme, à peu près comme l'illustre M. Littré, exclu pour M. de Carné de l'Académie française.

cours une puissante théologie qui, niant indirecte-
ment pour tout autre enseignement que celui des
catholiques, ce que l'orateur nomme le principe de
l'unité de foi, tend à prouver, que ce principe a
besoin pour se mouvoir d'une puissance temporelle.

Où M. Thiers puise-t-il la conviction qu'il ex-
prime? Cette fois, ce n'est pas l'histoire qui, certes,
l'a fait naître en lui. Tout écolier sait la date de cet
établissement qu'on érige aujourd'hui en dogme, et
n'y a-t-il pas de grands esprits, très-sincères, très-
dévoués à la cause catholique, qui, dans notre siècle
même, ont dit à la papauté : Abdique pour mieux
régner sur ton véritable empire?

M. Thiers raille la doctrine de l'Église libre dans
l'État libre. Cette raillerie est innocente, et l'on
s'étonne qu'un homme qu'entoure un tel prestige
n'ait trouvé rien de plus heureux, pour combattre
une idée de cette valeur, que de montrer le commis-
saire de police prenant des notes au banc d'œuvre.

Et que faites-vous, monsieur, du droit des Romains sur Rome? Vous aussi, vous en restez au
traité de Westphalie, au système d'équilibre, à tous
ces vieux parchemins près de tomber en poussière.

La science du droit des gens, comme celle du

droit public, est radicalement à refaire. A l'Europe des rois succédera celle des peuples, les nations cesseront d'être ces troupeaux que les souverains ont jusqu'à présent parqués au gré de leur ambition. En vérité, c'est toujours le même oubli, celui de l'immortelle idée du droit rayonnant pour tous.

Encore si le client de M. Thiers n'était pas cette puissance décrépite, vrai demeurant d'un autre âge, qui se fait gloire de ne point changer, quand la science, autour de lui, transforme toutes les nations, qui publie les encycliques, qui regrette que le glaive ne sorte plus du fourreau pour soumettre l'esprit moderne.

Qu'est-ce que ce gouvernement? Jugeons-le à ses actes, à ses œuvres; quels biens va-t-il dispensant? Quelle corruption arrête-t-il? Un abbé, homme éminent, impétueux adversaire de l'unité italienne, nous avouait que nulle part la démoralisation n'est aussi complète qu'à Rome. Il faut voir ces terres en friche, cette absence de voies rapides, cette résistance au progrès! (1).

(1) Nous laissons de côté le gouvernement proprement dit, ce despotisme hypocrite et policier qu'a dépeint d'une manière si vivante M. Taine dans le numéro de la *Revue des Deux Mondes* du 15 mai.

Le pouvoir du pape à Rome, est-ce même un pouvoir municipal supportable? l'immondice, la pestilence, le vol à la nuit tombante, voilà la Rome du pape (1).

Et c'est là ce que vous soutenez, vous le disciple et l'historien de notre Révolution, sans avoir même l'excuse de croire à l'amendement de cette puissance caduque !

Les devoirs de l'État envers le catholicisme sont, répétons-le encore, les mêmes qu'envers toute autre doctrine ; il lui doit la liberté, liberté de réunion et d'association, liberté d'enseignement et même de propagande, liberté de s'affirmer, liberté de propriété.

Si au lieu de recourir à l'empirisme infécond (2),

(1) Notre abbé nous racontait que deux fois l'ancien président de la Chambre des députés sous le roi Louis-Philippe, M. Sausset, son ami, avait été arrêté le soir, aux premières heures de la nuit, dans l'enceinte de Rome et au Corso même; c'est du reste un conseil qu'on ne manque point de donner aux étrangers de ne pas sortir après dîner, dans la crainte des arrestations. Partisans du pouvoir temporel, allez à Rome, et, à moins d'avoir de quadruples écailles sur les yeux, vous en reviendrez convertis !

(2) Voir les remarquables articles sur le Discours de M. Thiers, publiés par M. John Lemoine dans le *Journal des Débats*.

d'agiter de vaines formules dont toute idée est ab-
sente, de se complaire dans l'équivoque, bonne aux
pouvoirs de pur fait, on tentait un seul instant de
faire appel aux principes, la lumière jaillirait. Un
publiciste, que sa naissance, son éducation et ses
goûts, rattachaient à l'ancien régime, mais qui,
franc et solide esprit, a sondé souvent d'une main
sûre le problème des temps nouveaux.

Tocqueville, avait bien compris que la séparation
de l'Église et de l'État est l'une des plus fermes
assises de cette démocratie que l'avenir connaîtra.

Les deux articles qui précèdent ayant paru dans le *Phare de la Loire*, M. Thiers, a bien voulu nous adresser la lettre suivante :

« Monsieur,

« Je trouve fort naturel qu'on pense autrement que moi, et ne suis point de ces libéraux qui ne savent pas supporter la liberté d'autrui ; mais je crois avoir le droit d'exiger la convenance due à tout le monde et en particulier à un homme qui défend la liberté depuis quarante ans.

« Je vous remercie de m'avoir envoyé vos articles, et, usant de la liberté dont vous usez très-légitimement avec moi, je vous avoue qu'ils ne m'ont point convaincu. Ayant pensé à ces sujets beaucoup plus longtemps que vous, monsieur, il est naturel que ma conviction soit peu aisée à changer.

« Agréez, etc.   A. THIERS. »

« Paris, 6 mai 1865. »

En envoyant à M. Thiers les articles publiés dans le *Phare*, notre pensée n'était point, certes, de le convaincre ; nous accomplissions le devoir de toute opinion loyale et courtoise.

Nous ignorons ce qu'entend M. Thiers par le manquement aux convenances dont il paraît nous accuser ; nous eussions pu discuter sa personne ; comme homme public, il appartient au jugement du pays, et sans outre-passer son droit, un écrivain de distinction (1) vient en effet de le mettre lui-même en cause.

Notre point de vue était différent, nous ne nous en sommes pris qu'aux idées.

M. Thiers date les siennes de quarante années en arrière ; nous avons moins à lui offrir, mais si la date le préoccupe, nous pouvons lui en fournir une : nous croyons au droit de l'Italie depuis qu'en dépit de M. Thiers, ce droit s'affirme devant le monde, et à l'incompatibilité de la papauté temporelle avec l'idée de la liberté, surtout depuis le jour fameux où M. Thiers et ses amis contribuèrent à pousser la

____

(1) M. Lanfrey, **Revue** politique de la **Revue** *nationale* du 10 mai 1865.

France contre la République romaine et à réintro-
niser le pape par la grâce de nos baïonnettes (1).

Nous ne sommes qu'un inconnu ; si nous n'avions
considéré que le renom et le talent de l'adversaire
avec lequel nous osions entrer en lice, le juste sentiment de nos forces nous eût empêché de com-
mettre une semblable témérité, mais, n'en déplaise
à M. Thiers, notre conviction en consistance vaut
la sienne, et s'il voulait nous le permettre, nous de-
manderions à lui poser une seule question pour
l'Italie et une seule question pour Rome.

L'Italie a-t-elle le droit, si elle le veut, d'être une
nation ? Ce point est simple ; la métaphysique ni
l'histoire, selon nous, n'ont rien à y voir. Un peuple
se lève ; cœur, tête et bras, tout en lui se meut à
l'unisson, un même sentiment le possède ; une
même idée le domine ; l'enthousiasme de la patrie,
sublime flamme, fait fondre les vieilles rivalités ; ce

(1) N'est-ce pas dans cette même circonstance, déjà éloi-
gnée de seize ans, que, pour avoir fait entendre le cri d'une
conscience révoltée (article *Socialisme et catholicisme* d'Émile
Deschanel dans la *Liberté de penser*), un des plus brillants pro-
fesseurs de la jeune Université vit se fermer devant lui la
carrière, qu'après la disgrâce et l'exil, son rare et charmant
esprit lui a rouvert dans l'enseignement libre?

peuple vit! M. Thiers, parce que ses vues en sont gênées, mettra-t-il ce peuple hors le Droit?

Quant à Rome, nous supplierions M. Thiers de vouloir bien nous démontrer en quelques lignes, sans digression et sans ambages, comment la liberté de conscience, la base de sa discussion, exige des protestants, des juifs, des libres-penseurs, qu'attentant eux-mêmes à leur droit, ils prêtent main-forte aux catholiques pour soutenir l'édifice un peu chancelant de la papauté temporelle.

Mieux que son discours, la réponse nette de l'historien de la Révolution française, en détruisant toute équivoque, attesterait de quel côté se trouve, avec l'idée du Droit, la cause de la Révolution!